BEI GRIN MACHT SICH IHR WISSEN BEZAHLT

- Wir veröffentlichen Ihre Hausarbeit,
  Bachelor- und Masterarbeit

- Ihr eigenes eBook und Buch -
  weltweit in allen wichtigen Shops

- Verdienen Sie an jedem Verkauf

Jetzt bei www.GRIN.com hochladen
und kostenlos publizieren

Stephanie Rubin

Die Stellung der Frau im Islam

GRIN Verlag

Bibliografische Information der Deutschen Nationalbibliothek:

Die Deutsche Bibliothek verzeichnet diese Publikation in der Deutschen National-
bibliografie; detaillierte bibliografische Daten sind im Internet über http://dnb.d-
nb.de/ abrufbar.

Impressum:

Copyright © 2003 GRIN Verlag GmbH
Druck und Bindung: Books on Demand GmbH, Norderstedt Germany
ISBN: 978-3-638-84225-9

Dieses Buch bei GRIN:

http://www.grin.com/de/e-book/20018/die-stellung-der-frau-im-islam

Thema:

Die Stellung der Frau im Islam

*Hausarbeit im Studienfach
Politikwissenschaften*

Von

Stephanie Kaufmann

Verwaltungsfachhochschule in Frankfurt/M.

18.11.2003

Inhaltsverzeichnis

Einleitung

Im Jahr 610 begann ein Mann mit Namen *Muhammad* in Arabien eine neue
Religion zu verkünden. Bei dieser Religion handelte es sich um den Islam.
Die Anhänger des Islam wurden Muslime / Muslimas genannt.

Muhammad verkündigte die Botschaft, dass alle Menschen Allah, dem wahren
Gott, gehorchen sollten. Muslime sollten 5mal am Tag beten, Almosen geben,
im Fastenmonat Ramadan fasten und nach Mekka (der heiligen Stadt des Islam)
pilgern. Die Muslime glaubten, dass Muhammad diese Botschaft von Allah
erhalten hatte. Diese fünf religiösen Grundpflichten nennt man auch die „fünf
Säulen des Islams". Die Nachfolger Muhammads schrieben diese Botschaft in
einem heiligen Buch nieder, dem *Koran*. [1]

In diesem Koran wurden die heiligen Gesetze des Islam, er gilt heute als einer
der größten Weltreligionen, niedergeschrieben. So sind hier auch die Rechte und
Pflichten der Muslimen und Muslimas festgelegt.

Nach dem Koran zu urteilen sind Männer und Frauen gegenüber Gott gleich
(Koran 4:1, 33:55).Trotzdem hat er beiden unterschiedliche Aufgaben und
soziale Stellungen zugewiesen, ja er hat sogar den Mann vor die Frau gestellt
(4: 34).
Bis heute hat sich die gesellschaftliche Stellung der Frauen wesentlich
verbessert. Der Islam erkannte ihnen nicht nur Pflichten sondern auch Rechte
zu, z.B. ihr ganzes Leben versorgt zu sein, eine Eheschließung ist nur mit
Zustimmung der Frauen möglich. Auch dürfen Frauen heute Eigentum besitzen
und erben, einen Beruf ausüben und selbst vor Gericht gehen.
Und noch einiges mehr. [2]

Es muss hier erwähnt werden, dass die Frauen schon in der Geschichte des
Islams eine bedeutende Rolle gespielt haben. Der erste Mensch, der den Islam
annahm, war eine Frau : **„Khadidscha"**, es war die erste Frau von dem
Propheten Muhammad.
Der erste Mensch, der für den Islam gestorben ist, war ebenfalls eine Frau:
„Summaya". Sie gab unter Folterungen ihr Leben für den Islam hin.
Der Islam hat auch von Anfang an Männer und Frauen zum Islam eingeladen! [3]

Die Stellung der Frau ist ein sehr komplexes Thema. Es ist von Land von Land
unterschiedlich, die einzelnen Länder legen den Koran oft sehr unterschiedlich

---

[1] Vgl. Die große farbige Weltgeschichte, Gondolino, S. 100
[2] Vgl. Islam erleben, Kirstin Kabasci, 2001, S. 23
[3] Vgl. http://www.al-sakina.de/inhalt/artikel/frau/frau.html

aus. Viele Einstellungen und Verhaltensweisen, die die Frau betreffen, sind nur zum Teil religiös bedingt, es gibt auch viele kulturelle Faktoren und Reste von vorislamischem Gewohnheitsrecht, welche auch noch eine Rolle spielen. Da die Stellung der Frau mehr oder weniger ein familien – und gesellschaftliches Problem darstellt, möchte ich in meiner Hausarbeit den Stellenwert, die Rechte und Pflichten der Frau beleuchten. Hierbei ist natürlich die Frage nach der Stellung des Mannes impliziert.

Definitionen

Um ein besseres Verständnis herbeizuführen, möchte ich zuerst einige Begriffe erklären:

Der Islam

Der Islam wird als Eigenname einer der größten Weltreligionen unserer Zeit gebraucht. Man vergisst dabei leicht, dass er auch eine Bedeutung hat. Islam heißt Hingabe und Unterwerfung unter Gott. Es heißt somit auch, wer sich Gottes Willen gläubig hingibt, ist ein **„muslim bzw. eine muslima"**. [4]

Der Koran

Den Koran kann man nicht mit der Bibel vergleichen. Er ist die Manifestation göttlichen Willens, d.h. in ihm wird Gott und sein Wille den Menschen bekannt gemacht. Übersetzt bedeutet „Koran" Vortrag, Rezitation. Er ist aus muslimischer Sicht Gottes Wort.
Der Koran hat 114 Suren (Kapitel), eine chronologische Ordnung der Kapitel gibt es nicht, die längsten Suren stehen jedoch am Anfang, die Kürzesten am Ende.

Der Hadith

Überlieferte Erzählungen über das Leben Muhammads, seine Taten, Gewohnheiten und Aussprüche, wie auch sonstige Erinnerungen an ihn.

Zu einem Hadith gehören zwei Komponenten:

---

[4] Vgl. 99 Fragen zum Islam, Melanie Miehl, 2001, S. 69

⇨ der Text, dessen Inhalt mit dem Koran übereinstimmen muss
⇨ und die Kette der Überlieferer

Das kommt daher, dass die Gelehrten versuchten zu überprüfen, dass die Überlieferer keine Lügner waren, sondern die Überlieferungen der Wahrheit entsprachen. Sonst könnte ja jeder irgendeine Geschichte über Muhammad erzählen. [5]

Die Scharia

Der Begriff wird heute für das islamische Recht verwendet. Er bedeutet im engeren Sinne übersetzt „die von Gott gesetzte Ordnung im Sinne einer islamischen Normativität". In vielen Staaten wird die Scharia in der Verfassung ausdrücklich als Quelle der Rechtsschöpfung anerkannt. [6]
Diese islamische Gesetzeskunde umfasst Personenstands - , Familien - , Erb - , Vermögens - , Straf – und Staatsrecht. Die Scharia gilt grundsätzlich nur für Muslimas. [7]

Heirat

Zweck einer Ehe im Islam ist zuerst einmal, dass Wohlwollen Allahs zu gewinnen durch Keuchheit, Erfüllung, Befriedigung und die Erhaltung der Art. [8]

Im Koran gilt die Ehe als empfohlene Selbstverständlichkeit für die Gläubigen. Die Ehe ist nach islamischer Rechtsauffassung ein privatrechtlicher mündlicher Vertrag zwischen Mann und Frau, der beiden Seiten gegenseitig Rechte und Pflichten (im Koran geregelt) auferlegt.
In diesem Vertrag ist der Mann verpflichtet, der Frau einen Brautpreis zu zahlen. Weiter hat er die Frau mit den späteren gemeinsamen Kindern mit Wohnung und Unterhalt zu versorgen.
Dafür hat die Frau ihrem Mann Gehorsam entgegenzubringen und ihre ehelichen Pflichten zu erfüllen. [9]

---

[5] Vgl. 99 Fragen zum Islam, Melanie Miehl, 2001, S. 58
[6] Vgl. Kleines Islam – Lexikon, Ralf Elger-Friederike Stolleis, 2001, S. 272
[7] Vgl. Islam erleben, Kirstin Kabasci, 2001, S. 72
[8] Vgl. Die Frau im Islam, Sir Muhammad Zafrullah Khan, 1997, S. 13
[9] Vgl. Kleines Islam – Lexikon, Ralf Elger-Friederike Stolleis, 2001, S. 85

Während jedoch die muslimischen Männer mit bis zu vier Frauen gleichzeitig verheiratet sein dürfen (hier ist die Religionszugehörigkeit egal), ist es den Frauen nur mit einem Mann erlaubt, der dann zudem noch Muslim sein muss.

Auch hierfür gibt es eine Erklärung. Der Islam hat ein Interesse, dass die Kinder aus verschiedenen Religionen trotz allem islamisch erzogen werden. Da der Islam den Vater als Familienoberhaupt ansieht und die Kinder normalerweise der Religion des Vaters folgen, hält er es für gewährleistet, dass bei einer Heirat mit einer Nicht - Muslima die Kinder islamisch erzogen werden. Heiratet jedoch eine Muslima einen Nicht – Muslim befürchtet der Islam, dass die Kinder die andere Religion annehmen. [10]

Obwohl heute die Frauen ein Mitbestimmungsrecht bei der Heirat (lt. dem Koran) haben, ist es eine alte und nur schwer überwindbare Tradition, dass Ehen von den Eltern arrangiert werden. So kommen Liebesehen und die freie Wahl des Partners auch nur in Ausnahmefällen vor. Es ist schwer sich als junger Mensch gegen den Willen seiner Eltern aufzulehnen, man wurde so erzogen, dass die Hochzeit Sache der Eltern ist. Jedoch kommt es in der heutigen Zeit immer öfters vor, dass sich junge Menschen gegen den Willen ihrer Eltern währen, zumal sie oft in anderen Ländern aufwachsen. Hier herrschen andere Sitten, die mit dem Koran nicht zu vergleichen sind! Dieser Widerwille der jungen Menschen endet meistens in einem Konflikt mit der Familie.

Der Koran spricht hier zwar für die jungen Menschen, da er sagt, dass gegen seinen Willen zur Heirat niemand gezwungen werden darf, aber unter dem sozialen und psychologischen Druck beugen sich viele dem Druck der Eltern. [11]

Ein weiteres Problem ist die fehlende Zeit des Kennenlernens. Aus diesem Grund wird oftmals ein später Hochzeitstermin vereinbart. Während dieser Zeit können sich die Verlobten näher kommen und dann auch mal miteinander ausgehen.

Aber „Vorsicht" ist auch hier geboten, hier sind einige Punkte zu beachten:

⇨   Sie dürfen sich nicht alleine in einer Wohnung treffen;
⇨   über Nacht zusammen wegbleiben;
⇨   oder sexuellen Kontakt haben.

Der Verlust der weiblichen Jungfräulichkeit vor der Hochzeit, wenn dies bekannt wird, befördert ein Mädchen ins soziale Abseits und ruiniert nicht nur ihren Ruf, sondern die Ehre ihrer Familie.

---

[10] Vgl. 99 Fragen zum Islam, Melanie Miehl, 2001, S. 64/65
[11] Vgl. Islam erleben, Kirstin Kabasci, 2001, S. 53

6

Männer dagegen können vorehelichen Sex haben wie und so oft sie wollen. Es ist nicht feststellbar. Offiziell sollen die Zukünftigen ihre erste gemeinsame Nacht nach der Hochzeit verbringen.

Mit dem Abschluss des Ehevertrages gelten die jungen Leute als verlobt, bis zur Hochzeit leben die jungen Frauen dann noch in ihrer Familie. [12]

Nach islamischem Recht sollte jeder erwachsene Muslim eine Ehe schließen. Die Ehe verhindert das Leben in Sünde. Während wie schon erwähnt, der Mann für das materielle Wohlergehen zu sorgen hat und die Frau in erster Linie den Haushalt, die Erziehung der Kinder zu bewältigen hat, sollten Familienentscheidungen gemeinsam getroffen werden.

Die Eltern können bei der Partnersuche behilflich sein, das letzte Wort haben aber in jedem Fall die Beteiligten.

Zur Schließung einer Ehe sind folgende Grundsätze zu beachten:

⇨ beide Partner müssen der Eheschließung zustimmen;
⇨ die Morgengabe, die die Frau von ihrem Gatten erhält, muss festgesetzt sein;
⇨ Eheschließung muss in Gegenwart von zwei Zeugen stattfinden

Die Mehrehe ist nur im Ausnahmefall gestattet. Der Mann benötigt hierfür die Zustimmung der Frau, und zwar sowohl der ersten als auch der zweiten Frau. Des weiteren kann die Frau auch im Ehevertrag bestimmen, dass der Mann keine zweite Frau nehmen darf. (Im Koran wird der Mann aufgefordert, nur eine Frau zu ehelichen) [13]

Erst nach der Hochzeit ziehen die jungen Leute zusammen. Da der Mann jedoch meistens zu dieser Zeit noch nicht genügend Geld für einen eigenen Hausstand zusammen hat, leben die Eheleute dann meistens noch bei der Familie des Mannes. Kontakte zu Männern ist den Frauen streng untersagt, auch der Mann sollte normalerweise zu anderen Frauen keinen Kontakt pflegen (Koran). [14]

Durch die Heirat wird die Frau somit Mitglied der Familie ihres Mannes. Sie hat hier dann oft als jungverheiratete Frau eine schwierige Position. Sie wird erst dann sozial anerkannt, wenn sie Mutter wird, und wenn möglich dann auch noch Söhne bekommt.

---

[12] Vgl. Islam erleben, Kirstin Kabasci, 2001, S. 54/55
[13] Vgl. http://www.inid.de/Wissenswertes/frau_im_islam/view
[14] Vgl. Islam erleben, Kirstin Kabasci, 2001, S. 55

Scheidung

Eine lebenslange Ehe ist im Islam nicht vorgesehen. Mann wie auch Frau haben das Recht sich scheiden zu lassen. Hier gibt es jedoch unterschiedliche Vorgehensweisen.

Ein Mann kann sich jederzeit von seiner Frau trennen, er braucht noch nicht mal einen Grund.

Eine Frau ist jedoch an nachfolgende Voraussetzungen gebunden:

⇨ Verletzung der Unterhaltspflicht
⇨ Grausamkeit
⇨ Geistige oder körperliche Krankheit
⇨ Impotenz oder Inhaftierung des Mannes
⇨ Verheiratung der Frau durch ihren Vormund ohne ihr Einverständnis

Auch die Art der Scheidung ist unterschiedlich.

Der Mann kann seine Frau jederzeit, ohne Angaben von Gründen, ohne Hinzuziehung eines Richters, ja, sogar in Abwesenheit der Frau, verstoßen. Er „muss" eine bestimmte Formel dreimal hintereinander zu einer Zeit aussprechen, in der die Frau nicht ihre Menstruation hat. Die Ausstoßung (Talaq) wird erst nach dem dritten Mal verbindlich. Dann muss die Frau sein Haus verlassen und zu ihrer Familie zurückgehen. Diese Form der Scheidung (Talaq) gilt als besonders „verwerflich".
Von dem Koran wurde die dreimonatige Wartepflicht eingeführt. Vor einer neuen Heirat muss die Frau drei Perioden warten, um sicher zu sein, dass sie nicht schwanger ist. In diesem Fall kann der Mann sie auch gegen ihren Willen wieder zurücknehmen, soll sie aber gut behandeln.

Eine andere Art der so genannten Scheidung war dass Ablegen eines Eides, dass der Mann sich seiner Frau vier Monate lang sexuell zu enthalten hatte. Hielt er diesen Eid ein, war die Frau ebenfalls verstoßen.

Hatte der Mann allerdings übereilt seine Frau verstoßen und wollte er diese wieder heiraten, dann war das nur möglich, wenn sie inzwischen neu verheiratet war und von diesem Mann verstoßen wurde.

Frauen haben bis heute das Recht, sich durch die Rückgabe der Brautgabe frei zu kaufen. [15]

---

[15] Vgl. Islam in Deutschland, Landeszentrale f. polit. Bildung, Heft 4, 2001, S. 215

Offiziell wurde in den Reformen zum Familienrecht (seit den 50er Jahren) festgelegt, dass eine Scheidung grundsätzlich vor Gericht zu erfolgen hat, dass bei der Heirat einer zweiten Frau das Gericht zu informieren und dem Gericht nachzuweisen ist, dass der Mann den Unterhalt einer zweiten Frau bestreiten kann. [16]

Nach einer Scheidung hat die Frau kein Recht auf Alimente. Ihre Versorgung soll durch den Brautpreis abgegolten sein. Wenn sie keinen Beruf hat, geht sie zu ihrem Vater oder Bruder zurück, die dann wieder die Verantwortung für sie übernehmen. Hat sie ältere Kinder sind diese verpflichtet für ihren Unterhalt aufzukommen.

Um sicherzustellen, dass die Frau nicht schwanger ist, hat sie nach der Scheidung eine Wartepflicht von 3 Monaten einzuhalten. Danach darf sie wieder erneut heiraten. Eine Unterhaltspflicht für die Frau gibt es nicht.

Das Sorgerecht unterteilt sich nach islamischem Recht in die Vormundschaft und die Inobhutnahme / Versorgung der Kinder. Während die Vormundschaft beim Vater verbleibt, bleiben die Kinder nach der Scheidung bis zu einem gewissen Alter (die Jungen bis zum 7. Lebensjahr, die Mädchen bis zur Pubertät) bei der Mutter. Der Vater ist jedoch für seine Kinder weiterhin unterhaltspflichtig. [17]

Familie / Kinder

Wie schon erwähnt, ist eine Frau in der islamischen Gesellschaft erst dann richtig anerkannt, wenn sie Kinder, wenn möglich, Jungen, bekommt.

Die Frage, ob eine Frau zur Schwangerschaftsverhütung greifen kann, wenn sie evtl. zu viele Kinder bekommt, lässt sich so erklären. Im Islam gibt es kein Verbot für eine Verhütung, allerdings darf diese nicht die Gesundheit schädigen, und eine Schwangerschaft darf nicht für immer unmöglich gemacht werden. Im Koran wird empfohlen, dass die Frau zwei Jahre stillen soll, um nicht gleich wieder schwanger zu werden. Heute gibt es doch weit aus modernere Methoden, um eine Schwangerschaft zu verhüten.
Auch muss gesagt werden, dass die Tatsache, dass muslimische Ehepaare oft mehrere Kinder haben, nicht auf eine mangelnde Verhütungspraxis zurückzuführen ist, sondern auf ihre positive Einstellung zu Kindern.

---

[16] Vgl. Islam in Deutschland, Landeszentrale f. polit. Bildung, Heft 4, 2001, S. 215
[17] Vgl. Islam erleben, Kirstin Kabasci, 2001, S. 58/59

Dagegen ist allerdings die Abtreibung nicht erlaubt. Der Islam verbietet das Töten von Kindern, egal ob sie bereits geboren wurden oder nicht. [18] Kinder im Islam sind zum einen Prestigeobjekt und zum Anderen Garanten für die elterliche Altersversorgung. Dem ältesten Sohn kommt die Rolle des Stammhalters zu.

Die Töchter werden von klein an in die Hausarbeit mit einbezogen und helfen bei der Erziehung der kleineren Geschwister. Die Jungen haben wesentlich mehr Bewegungsfreiheit. Ab einem bestimmten Alter (ab ca. 7 Jahren) werden sie von den Vätern erzogen. Von diesen werden sie dann in die Welt der Männer und ihrer Aufgaben eingeführt. [19]

Gemäß dem Islam ist sportliche Betätigung jeder Art erlaubt, dabei sollten aber die Grundregeln des Islams beachtet werden. So ist es nach dem Islam nicht erlaubt, dass Mädchen und Jungen ab der Pubertät an einem gemischten Sportunterricht teilzunehmen. Viele muslimische Mädchen lassen sich aus diesem Grund vom Sportunterricht in der Schule befreien. [20]

Falls ein Ehepaar keine Kinder bekommen kann, kann es nicht, wie hier zu Lande, ein Kind adoptieren. Den Begriff Adoption kennt der Islam nicht. Es besteht aber die Möglichkeit, ein Kind zur Pflege aufzunehmen. Dieses Kind behält allerdings seinen ursprünglichen Namen. Außerdem hat es nicht die gleichen Rechte wie ein eigenes Kind z.B. bei Erbschaftsangelegenheiten (Koran 33 : 4). [21]

---

[18] Vgl. http://mitglied.lycos.de/muslimisch/schwimmunterricht.htm
[19] Vgl. Islam erleben, Kirstin Kabasci, 2001, S. 49/50
[20] Vgl. http://mitglied.lycos.de/muslimisch/schwimmunterricht.htm
[21] Vgl. http://mitglied.lycos.de/muslimisch/schwimmunterricht.htm

Der Schleier

Der Schleier wird traditionell von Frauen und Mädchen nach der Geschlechts-
reife außerhalb des Hauses und in Anwesenheit von fremden Männern getragen.

Lt. dem Koran sollen die Frauen ihre Reize nicht öffentlich zur Schau tragen
(Sure 24:31) und sich in ihren Überwurf hüllen (Sure 33:59), damit sie nicht
belästigt werden. [22]

Die Verschleierung von Frauen soll vor allem die Schamhaftigkeit bedecken und
Ausdruck der Frömmigkeit sein! [23]

Es gibt inzwischen drei Hauptarten der Verschleierung:
Der Gesichtsschleier, der Kopfschleier und der Körperschleier (der „Tschador")

Während Vertreter des Reformislams und Frauenrechtlerinnen den Schleier als
ein Symbol der Rückständigkeit und der Unterdrückung der Frau sehen,
verstehen ihn seine Befürworter als Ausdruck von Bescheidenheit, Anstand,
Schutz der persönlichen Würde sowie als Merkmal kultureller Eigenständig-
keit. [24]

Über den Schleier wird im Koran nichts eindeutiges gesagt. In der Sure 24 Vers
31 heißt es wie folgt:

„Und sag den gläubigen Frauen, sie sollen ihre Augen niederschlagen und sie
sollen darauf achten, dass ihre Scham bedeckt ist, … und den Schmuck, den sie
am Körper tragen, nicht offen zeigen außer ihrem Mann,…"

Sicher ist, dass diese Sure meint, dass die Frauen Männern durch ihr Verhalten
und ihre Kleidung nicht den Anlass zu unkeuschen Gedanken und zur
Entfesselung der Sexualität bieten sollen. Aber mehr sagt der Koran nicht.
Aus ihm geht auch nicht hervor, was eine Muslima anziehen soll und welche
Körperteile genau zu bedecken sind.

Da der Schleier zum einen die Schamhaftigkeit der Frau bedecken soll, ist erst
mal der Begriff Scham zu definieren. Hier gibt es viele Meinungen, dass kommt
daher, dass jeder den Begriff anders auslegt.

Eine engere Auslegung liegt darin, dass sich die Scham der Frau zumindest auf
die Haare und den ganzen Körper mit Ausnahme der Hände und des Gesichtes

---

[22] Vgl. Kleines Islam – Lexikon, Ralf Elger/Friederike Stolleis, 2001, S. 276
[23] Vgl. Islam erleben, Kirstin Kabasci, 2001, S. 68
[24] Vgl. Kleines Islam – Lexikon, Ralf Elger/Friederike Stolleis, 2001, S. 276

erstreckt. So sollte der ganze Körper einschließlich der Haare mit einer Kleidung bedeckt sein, die keine Körperkonturen erkennen lässt.

Ein schariagemäßes Gewandt muss folgende Punkte enthalten:
- ganzer Körper verhüllt, keine Konturen erkennbar;
- es muss dicker Stoff sein;
- es darf keine bunten od. hellen Farben od. Verzierungen haben;
- muss den Körper locker umhüllen, nicht eng anliegen;
- darf nicht parfümiert sein;
- keine Ähnlichkeiten mit Männerkleidung. [25]

In manchen Ländern wird das Wort „Scham" noch weiter ausgelegt. Hier müssen die Frauen sogar Handschuhe und Gesichtsschleier tragen. (z.B. in Pakistan, Afghanistan und Saudi – Arabien)

Nach dem Koran 24 : 60 ist es für ältere Frauen keine Sünde mehr, sich nicht an diese Kleiderordnung zu halten. [26]

Die Frauen müssen die Verschleierung in Anwesenheit fremder Männer tragen. Innerhalb der Familie, ihrer Verwandtschaft und unter Frauen kann sich die Muslima auch ohne Kopftuch zeigen. Die betroffenen Personen werden sogar im Koran aufgezählt. Mädchen können bis zu Beginn ihrer Pubertät ohne Schleier herum laufen. Sobald sie aber weibliche Formen bekommen kleiden sie sich wie die Frauen. [27]
In der heutigen Zeit tragen viele Frauen den Schleier gerne und freiwillig, sogar ohne Druck ihres Vaters und Ehemannes. Er signalisiert die enge Verbundenheit mit dem Islam und zeigt, dass die Frau ein ehrbares Leben führt. Außerdem werden so Frauen nicht gleich zum Sexualobjekt und bleiben in männerdominierenden Bereichen unbehelligt. [28]

Die Sexualität

Der Islam ist eine Religion, der die Sexualität voll bejaht, allerdings nur in der Ehe. Für den Mann zu Zeiten der Sklaverei auch die Beziehung zu seinen Sklaven. Eine Frau darf sich ihrem Mann nicht verweigern, sonst fluchen ihr lt. dem Koran die Engel bis zum Morgengrauen. Man sieht somit, dass der Mann schon immer eine Dominanz hatte.

---

[25] Vgl. http://home.t-online.de/home/dierssen.ulrich/islam10.htm
[26] Vgl. Islam erleben, Kirstin Kabasci, 2001, S. 68/69
[27] Vgl. http://mitglied.lycos.de/muslimisch/moschee.htm
[28] Vgl. Islam erleben, Kirstin Kabasci, 2001, S. 71

Allerdings ist der Mann verpflichtet, seiner Frau sexuelle Erfüllung zuteil werden zu lassen, so oft sie diese braucht und mit zärtlicher Vorbereitung.

Ein Mann, der mit mehreren Frauen gleichzeitig verheiratet war, hatte seine Nächte gerecht auf alle Frauen aufzuteilen. Ausnahme war die Heirat einer Jungfrau. Hier sollte er ihr nach der Hochzeit 7 Nächte widmen.

Jede außer – und voreheliche Beziehung zwischen einem Mann und einer Frau gilt nach dem Koran als Unzucht (Zina) und verdient eine strenge Bestrafung. Nach der Sure 24 : 2 besteht die Bestrafung in 100 Peitschenhieben vor Zeugen.

Selbst heute, vor allem auf dem Land, gibt es in einigen Ländern noch Fälle, wo junge Mädchen, die in den Verdacht gerieten, vorehelichen Sex gehabt und ihre Jungfräulichkeit verloren zu haben, traditionell von einem männlichen Verwandten getötet wurden. [29]

Um die Gelegenheiten von vorehelichem Sex und anderweitiger Unzucht so gering wie möglich zu halten sind Vorsichtsmaßnahmen wie z.b. die Geschlechtertrennung eingeführt worden.

An vielen Orten haben Restaurants oder Cafes eigene Räumlichkeiten für Frauen und Familien. In manchen Ländern werden in öffentliche Bereich spezielle Frauentage angeboten, z.B. in Bibliotheken, Museen, Parks, Kinos, Sporteinrichtungen, Behörden, Postämtern oder Bankfilialen.
Viele Hochschulen haben getrennte Fakultäten und natürlich Unterkünfte.
Männern, egal ob einheimisch oder ausländisch, bleiben die Frauendomänen verwehrt.

Ausnahmen hierbei sind Ausländerinnen. Hier wird geduldet, dass sie in Kaffeehäuser gehen, in der Öffentlichkeit Wasserpfeife rauchen oder mit fremden Männern reden, was eine Muslima nicht tun würde.

Selbst in den Moscheen beten Frauen und Männer zu den Gebetszeiten im Allgemeinen in getrennten Bereichen oder in verschiedenen Räumen, außerhalb dieser Zeiten beten sie jedoch auch nebeneinander. Beten sie aber gemeinsam, stehen die Frauen in den hinteren Reihen. So soll verhindert werden, dass ein betender Mann „abgelenkt oder unreine Gedanken" hat. [30]

Körperkontakte zum anderen Geschlecht in der Öffentlichkeit sollten nach Möglichkeit vermieden werden. Männer sollten einer Muslima nie zu nahe treten. Ausländerinnen sollten zu einem muslimischen Mann Distanz wahren.

---

[29] Vgl. Islam in Deutschland, Landeszentrale f. polit. Bildung, Heft 4, 2001, S. 217
[30] Vgl. Islam erleben, Kirstin Kabasci, 2001, S. 37

Zwischen muslimischen Geschlechtsgenossen sind dagegen Zärtlichkeiten an der Tagesordnung. Frauen schlendern Arm in Arm durch den Park, Freundinnen und Freunde begrüßen sich schon mal mit einem Wangenküsschen. [31]

Arbeit und Bildung

Nach dem ersten Weltkrieg wurden die Möglichkeiten zu höherer Schulbildung für Mädchen geschaffen, die von Land zu Land unterschiedlich waren. Erst ab den 20er / 30er Jahren wurde in vielen Ländern und dem Iran ein Studium für Frauen möglich. Dies war allerdings abhängig von den jeweiligen politischen Systemen und der Gründung säkularer Universitäten. Ab dieser Zeit vergaben auch einige Länder Stipendien an Frauen zum Studium in Europa. Aufgrund der jahrhundertelangen Geschlechtertrennung mussten sich die männlichen Studenten und Lehrkörper an den neu gegründeten Universitäten im Orient erst an die weiblichen Studenten gewöhnen, da es doch erhebliche Hemmungen im Verhalten gegenüber den Frauen gab.

Hier einige Fakten:

⇨ In den 30er Jahren wurde an der islamischen As'har – Universität in Kairo die ersten Studienkurse für Mädchen eingerichtet;

⇨ 1962 / 1963 wurde dort eine Mädchenfakultät gegründet, die auch heute noch besteht.

In Saudi – Arabien gibt es heute neun Universitäten, auch mit weiblichem Lehrpersonal, an denen strikte Geschlechtertrennung herrscht.

Die Berufstätigkeit von Frauen ist heute in vielen Ländern normal geworden, trotz allem ist sie abhängig von der wirtschaftlichen, demographischen und politischen Situation des jeweiligen Landes.
Mit der Schaffung von Bildungsmöglichkeiten erhielten die Frauen auch berufliche Chancen bis hin zur Professorin. Die Berufsmöglichkeiten erstreckten sich sogar bis in frauentypische Bereiche wie Ärztin, Krankenschwester, etc.
In der Türkei hatten Frauen im Jahr 1926, mit der Einführung des Schweizer Zivilrechtes, auf eine Berufstätigkeit, auch auf die Beamtenlaufbahn.
Hier noch einige Daten:

♂ 1922 die erste türkische Ärztin eröffnet ihre Praxis in Istanbul;
♂ 1927 gab es die erste Rechtsanwältin;
♂ 1930 gab es die erste Richterin

---

[31] Vgl. Islam erleben, Kirstin Kabasci, 2001, S. 84-86

✍ 1932 gab es die erste Staatsanwältin.

In Saudi – Arabien dürfen die Frauen zwar kein Auto fahren, aber es gibt
Banken und andere Einrichtungen mit rein weiblichem Personal nur für
Frauen.[32]

Zusammenfassung der Rechte und der Pflichten

In den islamischen Ländern gilt das Leben in einer Großfamilie als einzige
mustergültige Lebensform. Es gilt als Garant für die Aufrechterhaltung der
muslimischen Gesellschaftordnung. Bis zu drei Generationen leben hier oft
unter einem Dach. Es entspricht der sozialen Norm. [33]

Der Mann ist verpflichtet sich um den Familienunterhalt zu kümmern. Hier
besteht ein gewisser Vorrang, der durch seine körperliche Stärke bestimmt wird.
Er muss für die ganze Ernährung, Bekleidung, Unterkunft und das Taschengeld
der Frau aufkommen. Er muss ihr einen Lebensstandard bieten, den sie auch von
zu Hause gewohnt ist.

Während also der Mann die Familie nach außen hin in der Gemeinschaft vertritt,
hat die Frau die Aufgabe, den Familienverband zu festigen und zu stärken.

D.h. die Pflicht der Frau ist es sich um den Haushalt, die Erziehung der Kinder
und um die Pflege der Alten in der Familie zu kümmern.
Die Frau hat zwar auch die Möglichkeit sich mit um den Familienunterhalt zu
kümmern, sie muss es aber nicht.

Außerdem haben die Frauen in der heutigen Gesellschaft bei einer Heirat
Mitspracherecht. Der Mann muss ihr bei der Heirat einen festgesetzten
Brautpreis bezahlen.

Sie dürfen Eigentum besitzen und müssen bei Erbschaftsangelegenheiten mit
bedacht werden.

Sie können Schulen besuchen und dürfen heute nahezu fast jeden Beruf
ausüben.

Sie sind ihr ganzes Leben versorgt und dürfen sogar vor Gericht gehen.

---

[32] Vgl. Islam in Deutschland, Landeszentrale für politische Bildung, Heft 4, 2001, S. 219
[33] Vgl. Islam erleben, Kirstin Kabasci, 2001, S. 49

Sie haben auch, wie ihr Mann, das Recht sich scheiden zu lassen. Selbst nach einer Scheidung muss der Mann für eine bestimmte Zeit für sie und die Kinder aufkommen.

Die Rechte müssen immer im Verhältnis zu den Pflichten stehen.

Quellenangaben

Literatur

⭫ Die große farbige Weltgeschichte
Gondolino

⭫ Islam erleben
Kirstin Kabasci, 2001

⭫ Fragen zum Islam
Melanie Miehl, 2001

⭫ Die Frau im Islam
Sir Muhammad Zafrullah Khan, 1997

⭫ Kleines Islam – Lexikon
Ralf Elger – Friederike Stolleis, 2001

⭫ Islam in Deutschland
Landeszentrale für politische Bildung, Heft 4, 2001

Internet

⭫ http://www.al-sakina.de/inhalt/artikel/frau/frau.html

⭫ http://mitglied.lycos.de/muslimisch/schwimmunterricht.htm

⭫ http://www.inid.de/Wissenswertes/frau_im_islam/view

⭫ http://mitglied.lycos.de/muslimisch/moschee.htm

⭫ http://home.t-online.de/home/dierssen.ulrich/islam10.htm